# deutsche verbliste

CONJUGATION SHEETS

| *sein* | TO BE (PRESENT) |
|---|---|
| ICH | WIR |
| DU | IHR |
| ER/SIE/ES | SIE |
| | |

| *haben* | TO HAVE (PRESENT) |
|---|---|
| ICH | WIR |
| DU | IHR |
| ER/SIE/ES | SIE |
| | |

| heisse | TO BE CALLED (PRESENT) |
|---|---|
| ICH | WIR |
| DU | IHR |
| ER/SIE/ES | SIE |
| | |

| kommen | TO COME (PRESENT) |
|---|---|
| ICH | WIR |
| DU | IHR |
| ER/SIE/ES | SIE |
| | |

| arbeiten | TO WORK (PRESENT) |
|---|---|
| ICH | WIR |
| DU | IHR |
| ER/SIE/ES | SIE |
| | |

| fliegen | TO FLY (PRESENT) |
|---|---|
| ICH | WIR |
| DU | IHR |
| ER/SIE/ES | SIE |
| | |

| fragen | TO ASK (PRESENT) |
|---|---|
| ICH | WIR |
| DU | IHR |
| ER/SIE/ES | SIE |
| | |

| antworten | TO ANSWER (PRESENT) |
|---|---|
| ICH | WIR |
| DU | IHR |
| ER/SIE/ES | SIE |
| | |

| gehen | TO GO / TO WALK (PRESENT) |
|---|---|
| ICH | WIR |
| DU | IHR |
| ER/SIE/ES | SIE |

| laufen | TO RUN (PRESENT) |
|---|---|
| ICH | WIR |
| DU | IHR |
| ER/SIE/ES | SIE |

| machen | TO MAKE (PRESENT) |
| --- | --- |
| ICH | WIR |
| DU | IHR |
| ER/SIE/ES | SIE |
| | |

| grussen | TO GREET (PRESENT) |
| --- | --- |
| ICH | WIR |
| DU | IHR |
| ER/SIE/ES | SIE |
| | |

| spielen | TO PLAY (PRESENT) |
| --- | --- |
| ICH | WIR |
| DU | IHR |
| ER/SIE/ES | SIE |
| | |

| wohnen | TO LIVE / TO DWELL (PRESENT) |
| --- | --- |
| ICH | WIR |
| DU | IHR |
| ER/SIE/ES | SIE |
| | |

| sprechen | TO SPEAK<br>(PRESENT) |
| --- | --- |
| ICH | WIR |
| DU | IHR |
| ER/SIE/ES | SIE |
| | |

| hören | TO HEAR / TO LISTEN<br>(PRESENT) |
| --- | --- |
| ICH | WIR |
| DU | IHR |
| ER/SIE/ES | SIE |
| | |

## sagen

TO SAY / TO TELL
(PRESENT)

| | |
|---|---|
| ICH | WIR |
| DU | IHR |
| ER/SIE/ES | SIE |

## meinen

TO MEAN / TO INTEND
(PRESENT)

| | |
|---|---|
| ICH | WIR |
| DU | IHR |
| ER/SIE/ES | SIE |

| studieren | TO STUDY<br>(PRESENT) |
| --- | --- |
| ICH | WIR |
| DU | IHR |
| ER/SIE/ES | SIE |
| | |

| schreiben | TO WRITE<br>(PRESENT) |
| --- | --- |
| ICH | WIR |
| DU | IHR |
| ER/SIE/ES | SIE |
| | |

| *kennen* | TO KNOW / TO BE ACQUAINTED WITH (PRESENT) |
| --- | --- |
| ICH | WIR |
| DU | IHR |
| ER/SIE/ES | SIE |
| | |

| *wissen* | TO KNOW A FACT (PRESENT) |
| --- | --- |
| ICH | WIR |
| DU | IHR |
| ER/SIE/ES | SIE |
| | |

| sehen | TO SEE<br>(PRESENT) |
|---|---|
| ICH | WIR |
| DU | IHR |
| ER/SIE/ES | SIE |
| | |

| suchen | TO LOOK FOR / TO SEEK<br>(PRESENT) |
|---|---|
| ICH | WIR |
| DU | IHR |
| ER/SIE/ES | SIE |
| | |

| brauchen | TO NEED (PRESENT) |
|---|---|
| ICH | WIR |
| DU | IHR |
| ER/SIE/ES | SIE |
| | |

| nehmen | TO TAKE (PRESENT) |
|---|---|
| ICH | WIR |
| DU | IHR |
| ER/SIE/ES | SIE |
| | |

| essen | TO EAT (PRESENT) |
|---|---|
| ICH | WIR |
| DU | IHR |
| ER/SIE/ES | SIE |
| | |

| trinken | TO DRINK (PRESENT) |
|---|---|
| ICH | WIR |
| DU | IHR |
| ER/SIE/ES | SIE |
| | |

| lesen | TO READ (PRESENT) |
| --- | --- |
| ICH | WIR |
| DU | IHR |
| ER/SIE/ES | SIE |
| | |

| finden | TO FIND (PRESENT) |
| --- | --- |
| ICH | WIR |
| DU | IHR |
| ER/SIE/ES | SIE |
| | |

| besitzen | TO OWN<br>(PRESENT) |
|---|---|
| ICH | WIR |
| DU | IHR |
| ER/SIE/ES | SIE |
| | |

| geben | TO GIVE<br>(PRESENT) |
|---|---|
| ICH | WIR |
| DU | IHR |
| ER/SIE/ES | SIE |
| | |

| kochen | TO COOK<br>(PRESENT) |
| --- | --- |
| ICH | WIR |
| DU | IHR |
| ER/SIE/ES | SIE |
| | |

| leben | TO LIVE / TO BE ALIVE<br>(PRESENT) |
| --- | --- |
| ICH | WIR |
| DU | IHR |
| ER/SIE/ES | SIE |
| | |

| bedeuten | TO MEAN / TO SIGNIFY (PRESENT) |
| --- | --- |
| ICH | WIR |
| DU | IHR |
| ER/SIE/ES | SIE |
| | |

| bleiben | TO STAY / TO REMAIN (PRESENT) |
| --- | --- |
| ICH | WIR |
| DU | IHR |
| ER/SIE/ES | SIE |
| | |

| verdienen | TO EARN (PRESENT) |
| --- | --- |
| ICH | WIR |
| DU | IHR |
| ER/SIE/ES | SIE |
| | |

| kosten | TO COST (PRESENT) |
| --- | --- |
| ICH | WIR |
| DU | IHR |
| ER/SIE/ES | SIE |
| | |

| schaffen | TO HANDLE / TO MANAGE / TO GET DONE (PRESENT) |
| --- | --- |
| ICH | WIR |
| DU | IHR |
| ER/SIE/ES | SIE |
| | |

| verstehen | TO UNDERSTAND (PRESENT) |
| --- | --- |
| ICH | WIR |
| DU | IHR |
| ER/SIE/ES | SIE |
| | |

| besuchen | TO VISIT (PRESENT) |
| --- | --- |
| ICH | WIR |
| DU | IHR |
| ER/SIE/ES | SIE |
| | |

| fahren | TO DRIVE (PRESENT) |
| --- | --- |
| ICH | WIR |
| DU | IHR |
| ER/SIE/ES | SIE |
| | |

| halten | TO HOLD / TO STOP (PRESENT) |
|---|---|
| ICH | WIR |
| DU | IHR |
| ER/SIE/ES | SIE |
| | |

| tragen | TO CARRY / TO WEAR (PRESENT) |
|---|---|
| ICH | WIR |
| DU | IHR |
| ER/SIE/ES | SIE |
| | |

| dürfen | TO BE ALLOWED TO (MAY)<br>(PRESENT, MODAL) |
|---|---|
| ICH | WIR |
| DU | IHR |
| ER/SIE/ES | SIE |
| | |

| können | TO BE ABLE TO (CAN)<br>(PRESENT, MODAL) |
|---|---|
| ICH | WIR |
| DU | IHR |
| ER/SIE/ES | SIE |
| | |

| möchten | WOULD LIKE TO (MÖGEN)<br>(PRESENT, MODAL) |
|---|---|
| ICH | WIR |
| DU | IHR |
| ER/SIE/ES | SIE |
| | |

| wollen | TO WANT TO<br>(PRESENT, MODAL) |
|---|---|
| ICH | WIR |
| DU | IHR |
| ER/SIE/ES | SIE |
| | |

| müssen | TO HAVE TO (MUST)<br>(PRESENT, MODAL) |
| --- | --- |
| ICH | WIR |
| DU | IHR |
| ER/SIE/ES | SIE |
| | |

| sollen | TO BE SUPPOSED TO (SHOULD)<br>(PRESENT, MODAL) |
| --- | --- |
| ICH | WIR |
| DU | IHR |
| ER/SIE/ES | SIE |
| | |

| besprechen | TO DISCUSS<br>(PRESENT) |
|---|---|
| ICH | WIR |
| DU | IHR |
| ER/SIE/ES | SIE |
| | |

| entscheiden | TO DECIDE<br>(PRESENT) |
|---|---|
| ICH | WIR |
| DU | IHR |
| ER/SIE/ES | SIE |
| | |

| lachen | TO LAUGH (PRESENT) |
|---|---|
| ICH | WIR |
| DU | IHR |
| ER/SIE/ES | SIE |
| | |

| singen | TO SING (PRESENT) |
|---|---|
| ICH | WIR |
| DU | IHR |
| ER/SIE/ES | SIE |
| | |

| hassen | TO HATE (PRESENT) |
|---|---|
| ICH | WIR |
| DU | IHR |
| ER/SIE/ES | SIE |
| | |

| mögen | TO LIKE (PRESENT) |
|---|---|
| ICH | WIR |
| DU | IHR |
| ER/SIE/ES | SIE |
| | |

| schlafen | TO SLEEP<br>(PRESENT) |
| --- | --- |
| ICH | WIR |
| DU | IHR |
| ER/SIE/ES | SIE |
| | |

| faulenzen | TO BE LAZY / TO TAKE IT EASY<br>(PRESENT) |
| --- | --- |
| ICH | WIR |
| DU | IHR |
| ER/SIE/ES | SIE |
| | |

| lernen | TO LEARN (PRESENT) |
|---|---|
| ICH | WIR |
| DU | IHR |
| ER/SIE/ES | SIE |
| | |

| glauben | TO BELIEVE / TO THINK (PRESENT) |
|---|---|
| ICH | WIR |
| DU | IHR |
| ER/SIE/ES | SIE |
| | |

| beginnen | TO BEGIN (PRESENT) |
| --- | --- |
| ICH | WIR |
| DU | IHR |
| ER/SIE/ES | SIE |
| | |

| werden | TO BECOME (PRESENT) |
| --- | --- |
| ICH | WIR |
| DU | IHR |
| ER/SIE/ES | SIE |
| | |

| bekommen | TO RECEIVE (PRESENT) |
| --- | --- |
| ICH | WIR |
| DU | IHR |
| ER/SIE/ES | SIE |
| | |

| kaufen | TO BUY (PRESENT) |
| --- | --- |
| ICH | WIR |
| DU | IHR |
| ER/SIE/ES | SIE |
| | |

| beschreiben | TO DESCRIBE (PRESENT) |
|---|---|
| ICH | WIR |
| DU | IHR |
| ER/SIE/ES | SIE |
| | |

| liegen | TO LIE / TO BE SITUATED (PRESENT) |
|---|---|
| ICH | WIR |
| DU | IHR |
| ER/SIE/ES | SIE |
| | |

| fliessen | TO FLOW (PRESENT) |
| --- | --- |
| ICH | WIR |
| DU | IHR |
| ER/SIE/ES | SIE |
| | |

| wandern | TO WANDER / TO HIKE (PRESENT) |
| --- | --- |
| ICH | WIR |
| DU | IHR |
| ER/SIE/ES | SIE |
| | |

| an·fangen | TO BEGIN / TO START<br>(PRESENT, SEPARABLE PREFIX) |
|---|---|
| ICH | WIR |
| DU | IHR |
| ER/SIE/ES | SIE |
| | |

| zeigen | TO SHOW<br>(PRESENT) |
|---|---|
| ICH | WIR |
| DU | IHR |
| ER/SIE/ES | SIE |
| | |

| an·kommen | TO ARRIVE (PRESENT, SEPARABLE PREFIX) |
| --- | --- |
| ICH | WIR |
| DU | IHR |
| ER/SIE/ES | SIE |
| | |

| verlassen | TO LEAVE (PERSON OR PLACE) (PRESENT) |
| --- | --- |
| ICH | WIR |
| DU | IHR |
| ER/SIE/ES | SIE |
| | |

| auf·stehen | TO STAND UP / TO GET UP (PRESENT, SEPARABLE PREFIX) |
| --- | --- |
| ICH | WIR |
| DU | IHR |
| ER/SIE/ES | SIE |

| stehen | TO STAND (PRESENT) |
| --- | --- |
| ICH | WIR |
| DU | IHR |
| ER/SIE/ES | SIE |

| an-rufen | TO CALL UP<br>(PRESENT, SEPARABLE PREFIX) |
|---|---|
| ICH | WIR |
| DU | IHR |
| ER/SIE/ES | SIE |
| | |

| kennen-lernen | TO GET TO KNOW / TO MEET<br>(PRESENT, SEPARABLE PREFIX) |
|---|---|
| ICH | WIR |
| DU | IHR |
| ER/SIE/ES | SIE |
| | |

| auf·hören | TO STOP (DOING SOMETHING) / TO CEASE<br>(PRESENT, SEPARABLE PREFIX) |
|---|---|
| ICH | WIR |
| DU | IHR |
| ER/SIE/ES | SIE |
| | |

| mit·kommen | TO COME ALONG<br>(PRESENT, SEPARABLE PREFIX) |
|---|---|
| ICH | WIR |
| DU | IHR |
| ER/SIE/ES | SIE |
| | |

| auf·machen | TO OPEN (PRESENT, SEPARABLE PREFIX) |
| --- | --- |
| ICH | WIR |
| DU | IHR |
| ER/SIE/ES | SIE |
| | |

| schenken | TO GIVE (AS A GIFT) (PRESENT) |
| --- | --- |
| ICH | WIR |
| DU | IHR |
| ER/SIE/ES | SIE |
| | |

| zuruck·kommen | TO COME BACK (PRESENT, SEPARABLE PREFIX) |
| --- | --- |
| ICH | WIR |
| DU | IHR |
| ER/SIE/ES | SIE |
| | |

| her·kommen | TO COME FROM (PRESENT, SEPARABLE PREFIX) |
| --- | --- |
| ICH | WIR |
| DU | IHR |
| ER/SIE/ES | SIE |
| | |

| | |
|---|---|
| | |
| ICH | WIR |
| DU | IHR |
| ER/SIE/ES | SIE |
| | |

| | |
|---|---|
| | |
| ICH | WIR |
| DU | IHR |
| ER/SIE/ES | SIE |
| | |

| | |
|---|---|
| ICH | WIR |
| DU | IHR |
| ER/SIE/ES | SIE |

| | |
|---|---|
| ICH | WIR |
| DU | IHR |
| ER/SIE/ES | SIE |

| | |
|---|---|
| | |
| ICH | WIR |
| DU | IHR |
| ER/SIE/ES | SIE |
| | |

| | |
|---|---|
| | |
| ICH | WIR |
| DU | IHR |
| ER/SIE/ES | SIE |
| | |

| | |
|---|---|
| | |
| ICH | WIR |
| DU | IHR |
| ER/SIE/ES | SIE |
| | |


| | |
|---|---|
| | |
| ICH | WIR |
| DU | IHR |
| ER/SIE/ES | SIE |
| | |

| | |
|---|---|
| | |
| ICH | WIR |
| DU | IHR |
| ER/SIE/ES | SIE |
| | |

| | |
|---|---|
| | |
| ICH | WIR |
| DU | IHR |
| ER/SIE/ES | SIE |
| | |

| | |
|---|---|
| | |
| ICH | WIR |
| DU | IHR |
| ER/SIE/ES | SIE |
| | |

| | |
|---|---|
| | |
| ICH | WIR |
| DU | IHR |
| ER/SIE/ES | SIE |
| | |

| | |
|---|---|
| | |
| ICH | WIR |
| DU | IHR |
| ER/SIE/ES | SIE |
| | |

| | |
|---|---|
| | |
| ICH | WIR |
| DU | IHR |
| ER/SIE/ES | SIE |
| | |

| | |
|---|---|
| | |
| ICH | WIR |
| DU | IHR |
| ER/SIE/ES | SIE |
| | |

| | |
|---|---|
| | |
| ICH | WIR |
| DU | IHR |
| ER/SIE/ES | SIE |
| | |

| | |
|---|---|
| | |
| ICH | WIR |
| DU | IHR |
| ER/SIE/ES | SIE |
| | |


| | |
|---|---|
| | |
| ICH | WIR |
| DU | IHR |
| ER/SIE/ES | SIE |
| | |

| | |
|---|---|
| | |
| ICH | WIR |
| DU | IHR |
| ER/SIE/ES | SIE |
| | |

| | |
|---|---|
| | |
| ICH | WIR |
| DU | IHR |
| ER/SIE/ES | SIE |
| | |

| | |
|---|---|
| | |
| ICH | WIR |
| DU | IHR |
| ER/SIE/ES | SIE |
| | |

| | |
|---|---|
| | |
| ICH | WIR |
| DU | IHR |
| ER/SIE/ES | SIE |
| | |

| | |
|---|---|
| ICH | WIR |
| DU | IHR |
| ER/SIE/ES | SIE |

| | |
|---|---|
| ICH | WIR |
| DU | IHR |
| ER/SIE/ES | SIE |

| | |
|---|---|
| ICH | WIR |
| DU | IHR |
| ER/SIE/ES | SIE |


| | |
|---|---|
| ICH | WIR |
| DU | IHR |
| ER/SIE/ES | SIE |

| | |
|---|---|
| ICH | WIR |
| DU | IHR |
| ER/SIE/ES | SIE |

| | |
|---|---|
| ICH | WIR |
| DU | IHR |
| ER/SIE/ES | SIE |

| | |
|---|---|
| ICH | WIR |
| DU | IHR |
| ER/SIE/ES | SIE |

| | |
|---|---|
| ICH | WIR |
| DU | IHR |
| ER/SIE/ES | SIE |

| | |
|---|---|
| | |
| ICH | WIR |
| DU | IHR |
| ER/SIE/ES | SIE |
| | |

| | |
|---|---|
| | |
| ICH | WIR |
| DU | IHR |
| ER/SIE/ES | SIE |
| | |

| | |
|---|---|
| | |
| ICH | WIR |
| DU | IHR |
| ER/SIE/ES | SIE |
| | |

| | |
|---|---|
| | |
| ICH | WIR |
| DU | IHR |
| ER/SIE/ES | SIE |
| | |

www.ingramcontent.com/pod-product-compliance
Lightning Source LLC
LaVergne TN
LVHW061949070526
838199LV00060B/4042